# *The Hard Worker (Trabajador Fuerte)*

*A children's story for all generations*

**Story: Tiny Gray-Garcia**

**Illustrations: Jose Villareal and Asian Robles**
**Design: Diallo McLinn**
**Translation: Laura Guzman**

# Introduction

The hard worker is a love letter of interdependence, empathy and liberation written to all children, elders, mamaz and daddys, uncles and aunties, grandmothers and grandfather poverty skolaz everywhere.

Children in this stolen indigenous territory the colonizers call the US are taught to hate ourselves and others for being poor. We are all taught what I call the violent act of looking away from peoples who are caught in the struggle of houselessness, underground or unrecognized labor and survival. We are taught the lie of success , the cult of independence and the idea that somehow you are better , more legitimate or more successful of you are doing certain kinds of work, have hoarded quantities of colonizer dollars (money) or own mama earth (property) These are all lies that keep us all separated, in pain, in poverty and enable the ongoing violent racist, classist and ableist laws that incarcerate, evicts, and displaces more and more poor, disabled, working class elder s children and families.

In San Francisco's Mission District where Sr Garcia encountered the poLice and met the boy in the story named Tibu, myself and my Sun, Tibu ( who I based the character on) were evicted from a home we created for single mothers and children in poverty like ourselves. It was called MamaHouse. And the landlords, ( or scamlords as I call them) responding to the high-speed, tech gentrification of that working class community of color, gave us a $700.00 rent increase, making it impossible for any of us poor mamaz to pay it. We ended up houseless or unhoused as I call it, Sadly, this was nothing new for me as I had been houseless with my mama as a child and faced an endless amount of criminalization by poLice, like Sr Garcia faced in the story, because of it. My story of life-long poverty and homelessness with my mama led to the launch of the poor and indigenous people-led movement called POOR Magazine/Prensa POBRE.

# Introduction

But being houseless with my Sun was
truly a different kind of terror...trauma i
can't ever shake

The character of Sr, Garcia is loosely based
on my abuelo Roberto from Puerto Rico
and Richard X from POOR Magazines
Volume 3 The Work Issue – both
hard-working disabled men of color who
humbly did what they had to do to survive
and struggled with lives filled with racist,
classist and ableist hate. This story is also
a love letter to what used to be our barrio,
The Mission District, and to all the
anti-displacement warriors, who like us at
POOR Magazine for so many years,
continue to fight for its life and wont give
up and finally the Lisjan /Ohlone land
called Huchuin aka East Oakland, which is
facing the next huge wave of removal and
displacement and which we folks at POOR
Magazine are refusing to let happen with
the launch of a deGentrificaiton Zone.

And in the end, this story is about all poor
and working class folks and our own
triumph of poor people-led liberation and
self-determination – us Po folks, disabled,
migrant, incarcerated and unhoused who
can work together to liberate Mama Earth
and each other, like we poor mamaz and
children did at MamaHouse and do now at
Homefulness- a poor people-led solution
to Homelessness – and the liberation
school we launched at Homefulness called
Deecolonize Academy – like Neera and Sr,
Garcia and Tibu did in the end to create
their own Self-determined solution to
their problems – to all of our problems.

# Introducción

El Hombre Muy Trabajador es una carta de amor de
interdependencia, empatía y liberación escrita para
todos los niños, ancianos, mamás y papás, tíos y tías,
abuelas y abuelos skolaz pobres de todo el mundo.

A los niños en este territorio indígena y robado, que los
colonizadores llaman Estados Unidos, se les enseña a
odiarse a sí mismo así como al resto de la gente pobre.
A todos se nos enseña lo que llamo "el acto violento de
apartar la vista" de aquellos atrapados en la luchas por
la falta de techo, en trabajo informal en la economía de
la calle, y en labor y supervivencia no reconocidos. Nos
enseñan la mentira del éxito, el culto a la
independencia y la idea de que de alguna manera eres
mejor, más legítimo o más exitoso si estás haciendo
cierto tipos de trabajos, has acumulado cantidades de
dólares colonizadores (dinero) o eres dueño de Mamá
Tierra (propiedades).  Todas estas son mentiras que nos
mantienen separados, con dolor, en la pobreza y que
permiten las leyes violentas racistas, clasistas y
capacitistas que encarcelan, desalojan y desplazan a
más y más pobres, discapacitados, personas mayores,
niños y familias de clase trabajadora.

En el Distrito de la Misión de San Francisco, dónde el
Sr. García fue confrontado con la policía y conoció al
niño en la historia llamada Tibu, mi hijo Tibu (en quién
se basa el personaje) y yo fuimos desalojados de un
hogar que creamos nosotros mismos para madres
solteras y niños en situación de pobreza.  Se llamaba
MamaHouse.

Y los propietarios (o los scamlords como yo los llamo),
respondiendo a la gentrificación causada por la
tecnología de alta velocidad (trabajadores tech con
mucho dinero) en una comunidad de clase trabajadora
de color, nos dieron un aumento de alquiler de $700, lo
que hizo imposible que cualquiera de nosotros, pobre
mamás, pudiéramos pagarlo.  Terminamos sin hogar o
"sin casa" (houseless) como yo le llamo. Tristemente, no
fue nuevo para mí, ya que viví sin hogar con mi mamá
de niña, enfrentando una cantidad interminable de
actos de criminalización por parte de la policía, como el
Sr. García en la historia, por ello.  Mi larga historia de
vivir en pobreza y con falta de vivienda con mi mamá
impulsó el lanzamiento del movimiento dirigido por
ᵖersonas pobres e indígenas llamado POOR Magazine /
Prensa POBRE.

# Introducción

Sin embargo, permanecer sin hogar con mi hijo fue realmente un tipo de terror diferente

El personaje del Sr. Garcia está basado en mi abuelo Roberto, nacido en Puerto Rico, y Richard X en Prensa POBRE Volumen 3 The Work Issue - ambos hombres de color muy trabajadores y discapacitados que humildemente hicieron lo que tenían que hacer para sobrevivir, y lucharon en su vida contra el odio racista, clasista y capacitista. Esta historia es también una carta de amor a lo que solía ser nuestro barrio, la Misión y a todos los guerreros anti-desplazamiento, quienes como la revista POOR durante tantos años, continúan luchando por su vida y no se dan por vencidos, y finalmente la tierra de Lisjan/Ohlone llamada Huchuin aka East Oakland, que está enfrentando la próxima gran ola de expulsión y desplazamiento que la gente de POOR Magazine no permitirá manifestar con el lanzamiento de una zona de De-Gentrificación.

Y al final, esta historia representa a todos los pobres y gente de clase trabajadora en nuestro triunfo propio de liberación y auto-determinación lideradas por los pobres - nosotros, pobres discapacitados, migrantes, encarcelados y desamparados trabajando en unidad para liberar a Mamá Tierra y a cada uno de nosotros, como las mamás e hijos pobres en MamaHouse y ahora en Homefulness, una solución dirigida por gente pobre contra el desamparo, y la escuela de liberación que lanzamos en Homefulness llamada Academia de De-Colonización, como lo hicieron Neera, el Sr. Garcia y Tibu, con el fin de crear su propia y Auto-Determinada solución para su problema, para todos nuestros problemas.

# Dedication

Dedicated to all my ancestors and most of all my mama Dee -OG poverty skola, for without whom there would be no me - to Corrina Gould and All 1st nations and Indigenous peoples of Turtle Island who are still here fighting for 525 years for Mama Earth and all of us- to my brother Leroy who has always been a Krip Hop warrior teacher and best brother from another mother, to my Borikan Abuelo, Reberto who recycled to stay alive, to Luis Demetrio Gongora Pat who recycled houselessly in San Francisco with love and his family in Teabo, Yucatan, to co-madres/fellow poverty skolaz and children at Deecolonize Academy, Homefulness and POOR Magazine and to my Sun Tiburcio who has a revolutionary heart big enough to hold us all.

# Dedicado

Dedicado a todos mis antepasados y sobre todo, a mi mama Dee -OG skola de la pobreza, sin la cual yo no existiría- a Corrina Gould y todas las 1ras Naciones y pueblos indígenas de Turtle Island, que todavía están aquí luchando durante 525 años por Mamá Tierra y a todos nosotros, a mi hermano Leroy, que siempre ha sido un maestro guerrero de Krip Hop y el mejor hermano de otra madre, para todos nosotros, co-madres/compañeros de pobreza, skolaz y niños en la Academia de De-Colonización, Homefulness, y Prensa POBRE y para mi hijo Tiburcio, que tiene un corazón revolucionario lo suficientemente grande como para mantenernos a todos.

# Acknowledgements

Thanks to amazing revolutionary/poverty skola artists Jose VIllareal and Asian Robles who made this book into so much beautiful art and liberation. To Grateful Bear for his financial and artistic redistribution and love And to my brother Diallo McLinn who designed it all into being.

# Agradecimientos

Gracias a los increíbles artistas y skolas revolucionarios/de pobreza Jose VIllareal y Asian Robles, quienes hicieron de este libro una obra de arte y liberación tan hermosa. Y Grateful Bear y a mi hermano Diallo McLinn, quien lo diseñó todo para manifestarlo.

Once upon a time, there was a very hardworking man. He worked from early in the morning before the sun came up to late at night. Sometimes he worked so hard his whole body ached, from his shoulders to the soles of his feet. He was a recycler.

Había una vez, un hombre muy trabajador. Trabajaba desde temprano en la mañana, antes de salir el sol, hasta entrada la noche. A veces trabajaba tan duro que le dolía todo su cuerpo, desde los hombros hasta las plantas de sus pies. Era reciclador.

Recyclers take their bottles, cans and cardboard to the redemption center so they can get paid for their hard work. They help to clean up our neighborhoods and do their best to earn a living in an important job.

Los recicladores llevan sus botellas, latas y cartón al centro de recepción, para que se les recompense por su gran tarea de ayudar a limpiar nuestros vecindarios y de hacer todo lo posible para ganar dinero a través de una ocupación honrada.

One day as Sr. Garcia was walking to the recycling center to redeem his cans and bottles in the Mission District of San Francisco. He was suddenly surrounded by Po'Lice cars. "Halt don't move," they shouted. They scared Sr. Garcia so much he let go of his cart that then toppled over off the curb, spilling onto the street. This was a neighborhood he used to have an apartment in until he got too sick to work in his job as a city trash collector, and couldn't afford to pay the $100.00 rent increase on his apartment. He had recycled there for many years after he became houseless and never had any trouble. But in the last year a lot of new people moved into the neighborhood and suddenly the police were always showing up when he tried to do his job.

Un día, mientras el Sr. García caminaba hacia el centro de reciclaje para canjear sus latas y botellas en el Distrito de la Misión de San Francisco, se vió de repente rodeado de coches de la policía. "Pare, no se mueva", le gritaron. Asustaron tanto al Sr. García que él soltó su carro, que se cayó en la acera y terminó en el medio de la calle. Este era un barrio en el que el Sr. García vivió en un apartamento hasta que se enfermó demasiado para seguir trabajando como recolector de basura de la Ciudad, y ya no pudo pagar los $100 de aumento de su alquiler. Había reciclado allí durante muchos años después de quedarse sin hogar, y nunca tuvo ningún problema. Pero en el último año, mucha gente nueva se mudó al vecindario, y de repente la policía comenzó a aparecer cada vez que intentaba hacer su trabajo.

And then suddenly, the two Po'Lice officers pointed guns at him.

Y, de golpe, dos oficiales de policía apuntaron sus armas hacia él.

County Jail:
After receiving 132 tickets from the Po'Lice for doing his recycling work and being homeless, Sr. Garcia ended up in jail. He had no money to pay for the tickets, so he couldn't get out of jail.

Cárcel del Condado:
Después de recibir 132 citaciones de la policía por su trabajo de reciclaje y por ser desamparado, el Sr. García terminó en la cárcel. No tenía dinero para pagar por las citaciones, por eso tuvo que permanecer detenido.

# 3 Months Later
## 3 Meses Más Tarde..

Sr. Garcia went to court and found out his job was a crime.

El Sr. García fue a la corte, donde descubrió que su trabajo era criminal.

The next week after court he had to go back to work 'cause that was his only way of supporting himself. He peacefully and quietly walked through different neighborhoods, carefully sorting thru the recycling bins to find ottles and cans.

La semana siguiente despues de la corte, tuvo que retornar a trabajar porque era su única manera de mantenerse. Caminó tranquilo y pacificamente a través de los barrios, sorteando botellas y latas de los tachos de reciclaje.

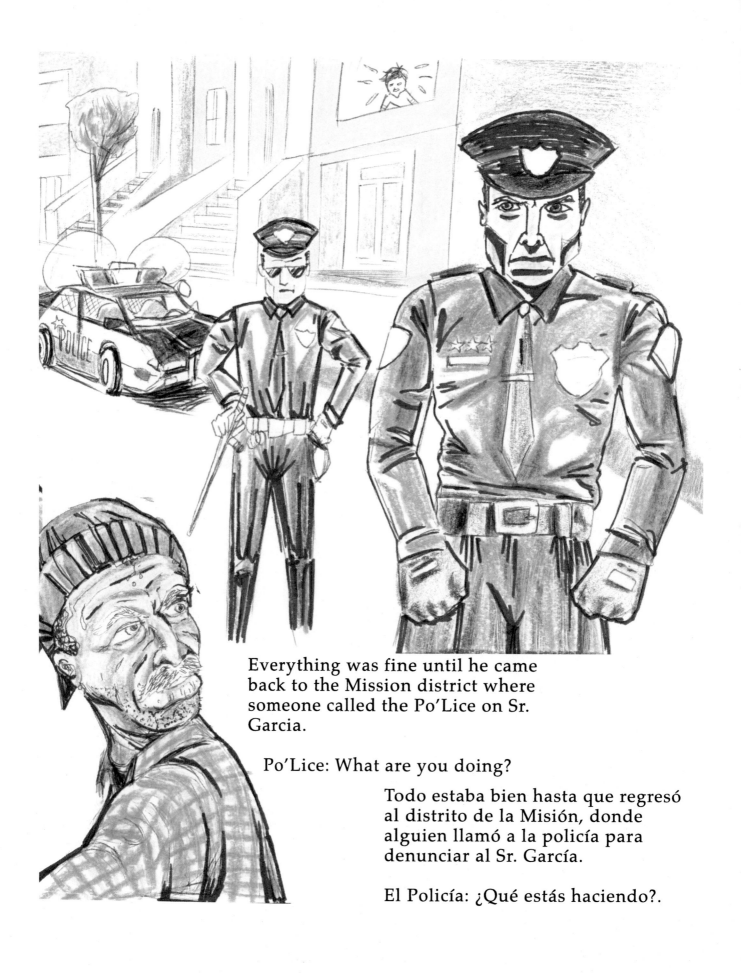

Everything was fine until he came back to the Mission district where someone called the Po'Lice on Sr. Garcia.

Po'Lice: What are you doing?

Todo estaba bien hasta que regresó al distrito de la Misión, donde alguien llamó a la policía para denunciar al Sr. García.

El Policía: ¿Qué estás haciendo?.

But at this house when the Po'Lice arrived, something different happened.

Pero en esta casa, algo diferente sucedió cuando llegó la policía.

A child emerged from the house and told the poLice, " We are fine with him sorting through our trash, it helps us make sure we don't mix recycled cans with food and plastic.

Un niño salió de la casa y reportó a policía: "No nos molesta que revise nuestra basura, así nos ayuda a no mezclar latas con comida y plástico.

"Well, ok, but we got a call about a man stealing trash in this neighborhood, are your parents home?," the poLice officer seemed confused

"Yes, my mama is home and she agrees," ( what the poLice didn't know is the boy and his mama were only in that nice house in that rich neighborhood because his mama was cleaning the house.)

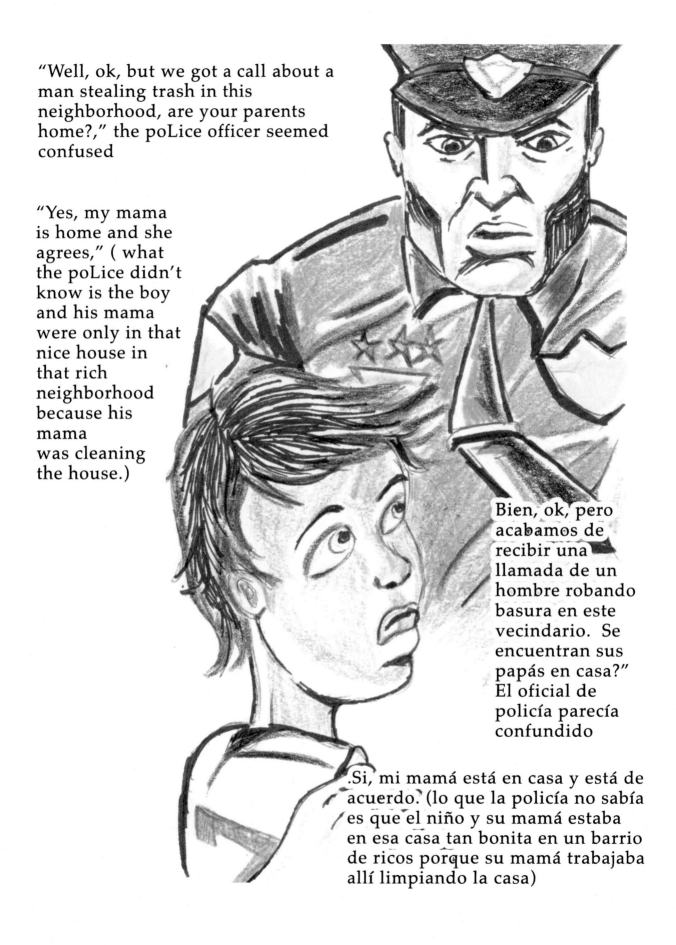

Bien, ok, pero acabamos de recibir una llamada de un hombre robando basura en este vecindario.  Se encuentran sus papás en casa?" El oficial de policía parecía confundido

.Si, mi mamá está en casa y está de acuerdo. (lo que la policía no sabía es que el niño y su mamá estaba en esa casa tan bonita en un barrio de ricos porque su mamá trabajaba allí limpiando la casa)

"Yes, I do officer," The boy's Mama came out from the house "Ok, its up to you, he is your problem now," said the poLice officer while walking away from the house shaking his head

"Si, estoy de acuerdo oficial," La mama del niño salió de la casa. Bien, depende de Ud. El es su problema hora, dijo el oficial de policía al salir de la casa caminando y agitando su cabeza.

"Mil gracias, Sr.a y muchacho," Sr. Garcia thanked the boy and his mama and then quietly pushed his shopping cart down the street.

Mil gracias, Sr.a y muchacho." El Sr. García agradeció al niño y a su mamá, y entonces se alejó despacio, empujando su carrito por la calle.

Later that day when Sr. Garcia arrived at the recycling center to redeem his bottles and cans he found a huge sign that said,

"Recycling Center is closing this week due to Rent Increase we can no longer accept any material."

Más tarde ese día, el Sr. García llegó al centro de reciclaje para canjear sus botellas y latas y encontró un cartel gigante,

( El Centro de Reciclaje cerrará esta semana dado el incremento del alquiler, y ya no podemos aceptar ningún material. )

Sr Garcia was unable to move- it was just too much-his whole life had been hard, he had lost his job, lost his home and now he couldnt even do his little micro-business. He just sat down on the curb and did something he had only done once before when his mama died, he cried.

El Sr. García no pudo moverse – todo era demasiado, su vida entera había sido dura, había perdido su trabajo,y ahora estaba en situación de desamparo, sin ya poder ejercer su micro-negocio. Se sentó en la acera e hizo algo que solo había hecho una vez cuando murió su mamá: se puso a llorar.

What he didn't know is the boy from the house followed him and saw the sign too and saw Sr Garcia crying. He sat down next to him and said, "What's wrong?"

Sr Garcia looked up surprised. "Oh muchacho, its ok, I have been through worse, but now my only place to sell my cans and bottles is closing , so i don't know what to do. it makes sense cause this whole neighborhood is changing, they have no more room for poor folks like me,"

Lo que no se dió cuenta fue que el niño de la casa lo siguió, y vió el cartel también, y al Sr. García llorar.

El Sr. García lo miró sorprendido. Ah, muchacho, está bien, he pasado por peores momentos, pero ahora el único lugar para vender mis latas y botellas está cerrando, por eso ya no sé que hacer.  Tiene sentido, porque todo este vecindario está cambiando, y no tienen más espacio para personas pobres como yo."

"Why can't we open our own recycling center, " the boy asked Sr Garcia.

Sr, Garcia looked up from his tears, "Where would we do that? we are recyclers, people usually try to get rid of us, so it might be hard to find a place,"

"Don't worry about it, I will find one," the boy said,

"Ok, I guess its worth a try, Sr Garcia said, "What's your name by the way muchacho?"

"My name is Tiburcio, Tibu for short, whats your name?

"Mi nombre es Alfredo Carlos Garcia, but you can call me Al"

"Porqué no podemos abrir nuestro proprio centro de reciclaje," le preguntó el niño al Sr. García.

El Sr. García lo miró a través de sus lágrimas, "Dónde podemos hacerlo? Somos recicladores, y la gente generalmente trata de deshacerse de nosotros, por eso puede ser díficil encontrar un espacio.

"No te preocupes, preguntaré," le respondió el niño.

"Bien, parece que vale la pena probar," dijo el Sr. García. "Cómo te llamas muchacho?"

"Mi nombre es Tiburcio, Tibu, cuál es el suyo?"

"Mi nombre es Alfredo Carlos García, pero me puedes llamar Al"

The next day the boy went to all the grocery stores in town asking for space to do a recycling center. He went to small stores and big stores.

Al día siguiente, el niño fue a todas las tiendas de abarrotes de la ciudad pidiendo espacio para abrir un centro de reciclaje. Fue a tiendas pequeñas

And then he found a small corner store in his own neighborhood in East Oakland. It was owned by an elder lady who told the boy she came from a "faraway land". She said the boy could start a small recycling project once a week as long as he agreed to clean up after each day. She agreed to help with the business side of the center. She said her name was Neera. The boy was so excited he couldnt wait to tell Sr. Garcia.

Hasta que encontró una pequeña tienda en la esquina de su propio barrio de personas de bajos recursos en East Oakland, dirigida por una Sr.a mayor que le dijo al chico que venía de una "tierra lejana," y que el niño podía comenzar un pequeño proyecto de reciclaje una vez por semana siempre y cuando lo limpiara todo. Ella acordó ayudarlo con el aspecto comercial del centro. El niño estaba tan emocionado que no podía esperar para contarle al Sr. García.

The next day the boy ran down to the area where Sr. Garcia often slept with his tent, he knocked lightly on the outside. Sr Garcia looked out. "Que pasa hijo,"
"I found a place who will do it, I found a place, we can start our own recycling center,"
Once again, for the second time in 25 years, Sr Garcia, began crying. He could not believe it- this had to be too good to be true

Al día siguiente, el niño corrió a la zona donde el Sr. García dormía a menudo en una carpa, y golpeó ligeramente desde el exterior. El Sr. García lo vió y le preguntó. "Qué pasa, hijo?
"Encontré un lugar que puede funcionar, encontré un lugar, podemos comenzar nuestro propio centro de reciclaje". Por segunda vez en 25 años, el Sr. García comenzó a llorar. No podía creerlo, ésto era demasiado bueno para ser cierto.

The next day Sr. Garcia , Tibu and Neera began setting up the center, After a lot of talking and laughing, thinking and dreaming, they decided to call it Comm-Unity recycling. They painted a sign and decided on the hours they would be open and how they would handle the money and the cans. The decided together it should be a work collective, where everyone shared in the profits and labor, something Tibu had learned at his liberation school called Deecolonize Academy.

Al día siguiente, el Sr. García, Tibu, y Neera comenzaron a establecer el centro. Después de hablar y reírse mucho, pensar y soñar, decidieron llamarlo Reciclaje de la Com-Unidad. Pintaron un cartel y decidieron el horario y cómo manejarían el dinero y las latas. Decidieron en conjunto que el Proyecto sería una colectiva de trabajo, donde todos compartirían los beneficios y la labor, algo que Tibu había aprendido en su escuela de liberación Academia de Decolonización.

Tibu said, "We should celebrate."
Neera said, "yes, let's I have some
ice cream in the store,"
And on that beautiful day on that
little corner in Deep East Oakland,
all three of them had a little party.

Tibu dijo: "Debemos celebrar".
Neera dijo, sí, vamos que tengo
helado en la tienda ".
Y en ese hermoso día en ese
pequeño rincón en Deep East
Oakland, los tres tuvieron una
pequeña fiesta

For the 3rd time in 25 years, Sr. Garcia began to cry, but this time, these were tears of joy...

Por tercera vez en 25 años, el Sr. García comenzó a llorar, pero esta vez, eran lágrimas de alegría ...

Made in the USA
Columbia, SC
09 January 2022

53940025R00020